RÉSUMÉ

DE

L'ÉCONOMIE SOCIALE

D'APRÈS LES IDÉES DE COLINS

PAR

AGATHON DE POTTER

(Extrait de la *Revue du Socialisme rationnel*, n° 355, février 1912.)

DEUXIÈME ÉDITION

PRIX : 50 CENTIMES

BRUXELLES
IMPRIMERIE MONNOM
Rue de l'Industrie, 32

1912

Résumé de l'Economie sociale

d'après les idées de Colins (1).

J'ai, il y a de cela longtemps, rédigé un résumé fort succinct de la science sociale découverte par Colins. Il a été publié dans la *Revue trimestrielle* (de Bruxelles) en 1861.

On m'a persuadé qu'il serait très utile de présenter, en raccourci, tout ce qui se rapporte plus spécialement à la partie économique du socialisme rationnel. C'est ce que je me propose de faire dans les lignes qui vont suivre.

Je vais parler successivement de la personnalité de Colins, de ses idées sur l'économie sociale, idées que j'exposerai dogmatiquement ; je décrirai ensuite l'organisation de la propriété telle qu'elle existera dans la société future, puis je ferai voir le fonctionnement des institutions relatives à cette organisation ; je terminerai enfin en formulant et en rétorquant les objections que l'on a présentées contre la nouvelle théorie sociale.

I

Ce que je puis dire de Colins se réduit à bien peu de choses.

J'extrais les détails qui suivent, d'une notice qu'a publiée

(1) La première édition de cet excellent *Résumé* étant épuisée, nous avons jugé nécessaire d'en faire immédiatement une nouvelle afin de satisfaire aux besoins de la propagande. Nos lecteurs pourront, grâce à ce travail d'Agathon De Potter, se faire une idée générale de la théorie économique qu'il développe avec ampleur dans son *Économie sociale* également en cours de publication sous les auspices de la *Revue*.   N. D. L. R.

dans un journal suisse un de ses disciples dévoués, M. Hugentobler, auquel on doit la publication d'une grande partie des manuscrits du socialiste belge (1). Je n'en rapporterai que les points les plus intéressants, ceux qui se rattachent aux études de Colins.

Jean-Guillaume-César-Alexandre-Hippolyte baron de Colins, né à Bruxelles le 24 décembre 1783, était fils du chevalier Colins de Ham, chambellan de l'Empereur à Bruxelles. Il fut élevé exclusivement par sa mère jusqu'à l'âge de sept ans et demi.

A cet âge son père, en raison des circonstances politiques, le plaça chez un vieil ami, ancien jésuite, honnête homme, vicaire de Dison.

A 18 ans, il fut nommé pour aller représenter à l'île de Saint-Domingue le plus riche habitant de la colonie. Arrivé à Paris, il y apprit la perte de Saint-Domingue.

La descente en Angleterre allait avoir lieu. Il s'enrôla volontaire comme simple hussard au 8e régiment.

Envoyé à Lille pour apprendre son métier, il y suivit les cours de mathématiques et y remporta le 1er prix de géométrie.

Il conquit tous ses grades sur le champ de bataille.

En 1810, il fut envoyé par son régiment à l'École impériale d'Alfort pour étudier l'hippiatrique. Il fut autorisé à y suivre les cours d'agriculture et d'économie rurale. En 1811, il y remporta le 1er prix. En 1812, il fut mis hors concours comme trop fort. En 1813, la Société impériale d'agriculture lui décernait une médaille d'or pendant qu'il était sur le champ de bataille de Leipzig. En 1814, elle le recevait dans son sein.

Pendant son séjour à Alfort, il étudiait la médecine et suivait les cours à Paris.

---

(1) « Je déclare que c'est à mon ami Adolphe Hugentobler que j'ai dédié mon « ouvrage intitulé : *Science sociale,* quand j'ai dit ; A LUI ; PAR LUI ; POUR TOUS. » (*Extrait du testament de Colins.*)

En 1818, il fut reçu membre de l'Académie des sciences naturelles de Philadelphie.

En 1819, il passa aux Antilles espagnoles pour y défricher des terres. Il arriva à la Havane, muni pour le capitaine général de l'île de recommandations données par les ambassadeurs de France et des Pays-Bas, certifiant qu'il avait suivi une ligne politique différente de la leur, mais qu'il était homme d'honneur, méritant l'estime des honnêtes gens de tous les partis.

Reçu docteur à la Havane, il fut nommé Fiscal du tribunal de médecine, sur un district de 300 lieues carrées. Les plus beaux jours de ma vie, disait-il, se sont passés à la Havane, car je me suis seulement occupé de la médecine des pauvres.

En 1830, voyant flotter le drapeau tricolore dans le port de la Havane, il partit pour la France.

C'est vers 1833 qu'il se consacra exclusivement à l'étude des sciences et à leur coordination, dans le but d'arriver à la connaissance de la règle des actions tant individuelles que sociales.

Il écrivit alors et fit imprimer à Paris, à ses frais, le *Pacte social* (1).

De 1834 à 1844, il suivit tous les cours de cinq facultés, du Jardin des plantes, etc. Il voulait refaire son instruction, interrompue par ses campagnes et ses voyages.

(1) Il est intéressant de faire remarquer que c'est dans cet ouvrage, publié en 1835, que surgit pour la première fois l'idée de la collectivité du sol. Voici le passage auquel je fais allusion :

« *Problème Social.*

« Quelle est l'organisation de la propriété qui puisse en même temps rendre,
« dès à présent, l'humanité aussi heureuse que possible, relativement à son état
« d'instruction et de richesse, et la porter par la voie la plus courte à jouir de tout
« le bonheur dont elle est susceptible ? »

Et Colins répond par la série des mesures suivantes :

« 1º.....; 2º.....; 3º. ...;
« 4º La propriété immobilière appartient à tous..... »

L'épigraphe de cet ouvrage : *Observer et réfléchir ; Dieu et liberté*, montre clairement que si l'auteur avait découvert à cette époque la solution du problème de l'organisation de la propriété, il ne possédait pas encore la pleine connaissance de la vérité morale.

Religieux par éducation, il vit que la science actuelle est essentiellement irréligieuse, matérialiste. Le matérialisme ne pouvant être base d'ordre, il entreprit de prouver que la science actuelle est une fausse science, et il y réussit. Il parvint ainsi à la connaissance de la religion réelle, scientifique, la seule qui soit possible en présence de l'examen, devenu désormais incompressible.

Travailler à l'exposition de la religion scientifique et de toutes ses conséquences relatives à l'organisation sociale devint, dès lors, la tâche de sa vie entière.

En 1848, la République le condamna à la transportation.

En 1851, il fit paraître le premier volume de *Qu'est-ce que la science sociale?* en 1853, le deuxième volume, et en 1854, les troisième et quatrième volumes.

Lorsqu'il était en prison, en 1848, il fit partie de la rédaction du journal la *Révolution démocratique et sociale*. Il a été aussi rédacteur de la *Tribune des peuples*, et a écrit quelques articles dans la *Presse*.

De 1856 à 1858, ont été publiés les ouvrages suivants de Colins :

L'économie politique, source des révolutions et des utopies prétendues socialistes, tomes I, II et III. Il reste encore à imprimer la matière de deux ou trois volumes (1);

Qu'est-ce que la liberté de conscience? lettre à M. Jules Simon ;

Lettre à M. P.-J. Proudhon sur son ouvrage : *de la Justice dans la révolution ;*

La Société nouvelle, sa nécessité ;

La Souveraineté ;

La Science sociale, dont il a paru seulement cinq volumes (2).

---

(1) On sait que ces trois derniers volumes sont publiés depuis une vingtaine d'années.   N. D. L. R.

(2) Des 20 volumes de la *Science sociale* il ne reste plus à publier que les volumes 8, 9, 10 et 20 dont nous donnons depuis quelque temps de nombreux extraits.   N. D. L. R.

Colins est mort le 12 novembre 1859. Il travaillait encore la veille à un grand ouvrage qui est malheureusement inachevé et qui a été publié, en 1861, sous le titre de *la Justice dans la science, hors l'Église et hors la révolution*. Il a laissé beaucoup de manuscrits dont quelques-uns ont été publiés dans la *Philosophie de l'Avenir*.

J'ajouterai à ce qui précède quelques mots que je copie dans une notice inédite rédigée par mon père et placée par lui à la suite de la volumineuse collection de lettres qu'il reçut de Colins, lorsqu'il quitta définitivement Paris et la France pour s'établir à Bruxelles.

« J'avais fait la connaissance de M. de Colins à Paris, « par M. Sari, le frère du beau-frère de M. de Colins, et « que j'avais souvent vu à Rome chez l'ex-roi Louis.

« Il me frappa, dès le premier abord, par ses paradoxes, « et il m'attira vers lui par la vivacité qu'il mettait à les « soutenir. De mon côté, je ne me fis jamais faute de les « réfuter. L'originalité de M. de Colins m'avait rendu atten- « tif à ses paroles : la rigueur et la solidité de ses raison- « nements achevèrent bientôt de me captiver. Nous lut- « tions toujours avec ardeur, mais je perdais constamment « du terrain. Je combattais en ne cédant que pouce à pouce. « Mais je sentais bien que je faiblissais chaque jour ; et plus « je tâchais de reprendre mes avantages, plus j'en laissais « prendre sur moi. »

Dans son ouvrage intitulé *la Réalité*, mon père expose de la façon suivante le résultat final de ces discussions inces- santes.

« Pendant plus de dix ans, j'ai lutté contre la doctrine « nouvelle dont maintenant je me fais le propagateur. Mes « opinions préconçues, mes préjugés, l'éducation de ma « jeunesse, l'enseignement qui l'avait suivie, et peut-être, à « mon insu, la vanité et la paresse, repoussaient cette doc- « trine de toute la puissance d'une habitude enracinée. Je

« n'ai cédé finalement que lorsque la contrainte morale est
« devenue irrésistible. »

Maintenant que j'ai dit le peu que je sais de la personnalité du socialiste belge, je vais exposer dogmatiquement ses
principales idées en économie sociale.

II

Le principe le plus important, celui même en l'absence
duquel il est impossible d'établir n'importe quoi en fait
d'organisation de la propriété, c'est la distinction absolue
entre l'homme et les choses. Colins rapporte à cet égard,
dans sa *Science sociale*, des citations curieuses d'Aristote.

En voici une :

« Ce n'est pas seulement pour vivre ensemble, c'est plu-
« tôt pour bien vivre qu'on s'est mis en société, etc... Sans
« quoi, la société comprendrait *les esclaves et* AUTRES ANI-
« MAUX. De tels êtres ne prennent aucune part au bonheur
« public, ni ne vivent à leur volonté. »

Un Aristote du XIXe siècle dirait, s'il était franc (1) :

C'est pour bien vivre qu'on s'est mis en société. Sans quoi,
la société comprendrait *les prolétaires et* AUTRES ANIMAUX.
De tels êtres ne prennent aucune part au bonheur public,
ni ne vivent à leur volonté.

En dehors d'une distinction absolue entre l'humanité et
les choses, il est logiquement impossible de soutenir qu'on

---

(1) Le XIXe siècle est franc, parfois. Voici en preuve une citation de *l'Ami du
Peuple* (de Liége) du 14 juin 1874.

« On peut lire dans le tarif du péage au pont Maghin, ceci :

« Abonnement :

« Un an, par personne . . . . fr. 3.
« » par ouvrier . . . . , » 1.

« Le mot *personne* remplace ici le mot *homme*; le mot *ouvrier* remplace le
mot *animal*, ou la *chose.* »

Pour le rédacteur du tarif en question, le prolétaire n'est pas une personne, un
homme ; il ne fait pas partie de la société proprement dite et le rédacteur l'affirme
carrément.

a le droit de s'approprier tel être et non tel autre. Dès lors, Aristote n'avait aucune raison de ne pas placer sur la même ligne et les esclaves et les bêtes. Et aujourd'hui même, que cette distinction absolue n'est pas encore admise socialement, il n'existe aucun moyen de soutenir, avec quelque apparence de logique, que l'esclavage et l'exploitation du travail de certains hommes ne sont pas légitimes.

*
 * *

Un autre point sur lequel Colins a toujours insisté, c'est la nécessité de ne pas confondre le sol avec le capital ou la propriété mobilière. Et dans quel but? Le voici.

Sous peine de tomber dans le communisme absolu, c'est-à-dire dans l'absurde, il n'est pas permis de soutenir que tout ce qui est appropriable doit être approprié au profit de la société. Il faut que au moins une partie de la matière soit répartie entre les individus, sous le nom de propriété individuelle, pour constituer la récompense du travail ou le salaire, et servir ainsi d'excitation à l'activité de chacun.

D'un autre côté, la plupart des socialistes et certains économistes commencent à reconnaître que l'appropriation de toute la matière par quelques-uns rend les autres esclaves, et produit un paupérisme qui va croissant en raison directe de l'augmentation de la richesse générale.

On a conclu avec raison de cette situation économique qu'il devenait nécessaire de constituer une propriété collective. Mais, en dehors de toute subdivision dans l'idée générale de ce qui est appropriable, impossible de dire d'une façon précise : telle chose doit former la propriété collective et telle autre peut être appropriée individuellement; et on arrive ainsi fatalement, soit à proposer comme solution au mal social, le communisme absolu, soit à avouer qu'il n'existe pas de remède.

Avec la distinction de la propriété en foncière et en mobilière, il en est tout autrement. Voyons d'abord sur quoi se base cette distinction.

La planète que nous habitons préexiste à l'humanité qui la peuple. Elle n'est pas, primitivement, le résultat du travail. Mais, du moment que l'homme s'y est développé, il s'en est emparé pour en utiliser les diverses parties, et, sous ce rapport, le sol est devenu un produit du travail, le travail de la prise de possession, de l'appropriation.

A partir de cette époque les résultats du travail sur la planète se présentent sous deux formes différentes, selon que ce résultat reste adhérent au sol, attaché au sol, incorporé au sol, consistant uniquement dans sa modification ou son amélioration, ou bien qu'il en est détaché, rendu mobile, pouvant être transporté au loin. C'est là ce qui différencie la matière foncière de la matière mobilière ou du capital.

Il découle de ce qui précède deux conséquences dont la seconde est directement applicable à l'organisation future de la propriété :

1º La matière mobilière provient exclusivement du travail sur le sol ; le sol seul jouit de la qualité d'être indispensable au travail ;

2º Des deux espèces de matière, l'une foncière, l'autre mobilière, la première seule doit être appropriée entièrement au profit de tous.

*
* *

Une autre distinction essentielle est celle qui doit se faire entre le salaire et le capital.

Le salaire et le capital ont cela de commun que tous deux sont des produits du travail ; mais ils diffèrent lorsque l'on considère leur destination.

Le salaire est employé à la conservation et au développement de la vie tant intellectuelle que physique. Tout ce qui dépasse cette quantité nécessaire, tout ce qui est mis de côté, épargné, pour être transformé en un nouveau produit, constitue le capital. Le capital, à ce point de vue, a été parfaitement nommé par Colins du salaire *accumulé* ou *passé*, c'est-à-dire ayant plus que suffi à l'actualité. Le salaire *actuel*, alors, est le salaire proprement dit, servant à la conservation et au développement du travailleur.

Le salaire est relatif à la consommation, à la jouissance, au travail, à l'humanité. Le capital et son loyer, l'intérêt, sont relatifs à la production, à la richesse, à la propriété.

La distinction entre le salaire et le capital importe surtout quand il s'agit de l'impôt.

****

Colins a démontré bien souvent que l'appropriation individuelle du sol est la source d'un paupérisme croissant parallèlement au développement de la richesse générale ; ce n'est pas ici le lieu de rappeler ces démonstrations puisque mon but se borne à exposer dogmatiquement ses idées. Je veux seulement faire voir les conséquences de l'appropriation soit individuelle, soit collective, du sol, relativement à l'état de liberté ou d'esclavage du travail.

Examinons d'abord la valeur de ces dernières expressions.

Le travail est qualifié de libre, quand le travailleur n'a nul besoin de l'autorisation d'autrui pour agir. Dans le cas contraire, il est esclave.

Et comme le travail et le capital ou la richesse sont toujours en état d'hostilité, comme l'a fort bien soutenu Dupont-White, il y a domination du travail sur la richesse, quand le travail est libre ; domination de la richesse, exploitation du travail par la richesse, quand il est esclave. Voyons, maintenant, s'il y a plusieurs espèces d'esclavages ou de manières d'exploiter le travail, en nous maintenant toujours dans le domaine exclusivement économique.

La liberté du travail consiste, ai-je dit, dans le fait de pouvoir exercer son activité sans dépendre, à cet égard, d'une volonté étrangère. Or, puisque l'homme ne crée rien, il lui faut, pour travailler, une matière a modifier, à changer de forme ; c'est évident.

La condition indispensable à la liberté du travail est donc la possession d'une partie de matière. En l'absence de cette condition, le travailleur ne peut agir que si un propriétaire consent à lui en prêter, ce qui constitue bien la subordination du travail à la richesse, ou l'esclavage du travail.

Maintenant, cette partie de matière indispensable peut être, soit la propriété individuelle de celui qui la transforme, soit sa part dans la propriété sociale ou collective.

Dans le premier cas, le travail est libre *domestiquement* ; dans le second, il est *socialement* libre.

Remarquons à présent que, lorsque le sol tout entier et une certaine quantité de capitaux constituent la propriété collective, le travail n'est plus exploité, ni socialement, ni domestiquement ; tandis qu'avec l'appropriation individuelle du sol et de la majorité des capitaux le travail est toujours exploité socialement, et qu'il est seulement libre, domestiquement, chez l'infime minorité qui possède individuellement de la matière.

Outre ces deux modes d'esclavage du travail, il en existe deux autres sur lesquels il importe d'attirer l'attention.

L'exploitation du travail peut encore être, en effet, *personnelle* ou *héréditaire*, suivant qu'elle atteint tel individu sans continuer son action au-delà, ou que, persistant après la mort du travailleur, elle affecte sa famille. L'exploitation du travail est encore personnelle ou héréditaire, selon qu'elle profite au capitaliste seul, ou, après la mort de celui-ci, à sa succession.

Et comment se constitue l'exploitation héréditaire du travail ? De la manière la plus simple : par la perpétuité de l'intérêt.

Avec la perpétuité des intérêts, la dette est héréditaire relativement au prêteur, puisqu'elle reste due à ses héritiers, et relativement à l'emprunteur, puisqu'elle continue à rester due par les héritiers de celui-ci. De là résulte l'espèce particulière d'exploitation du travail qualifiée d'héréditaire. Cette perpétuité met dans l'obligation de payer les intérêts d'un capital, ceux qui ne l'ont pas emprunté et les force, par conséquent, de travailler pour acquitter leur dette avant de travailler au maintien de leur existence ; ce qui est, certes, une aggravation d'esclavage.

Avec l'intérêt viager, la dette devient personnelle relativement au prêteur, puisqu'elle s'éteint avec lui, et relativement à l'emprunteur, puisque les héritiers de celui-ci ne payent que s'il est resté quelque chose à l'actif de la succession. L'exploitation du travail ne peut donc plus être guère que personnelle.

III

L'organisation de la propriété aura pour but, dans la société future, d'établir et de maintenir la liberté du travail et en même temps de pousser sa domination sur la richesse au plus haut point possible, ce qui se traduira, en pratique, par l'élévation du salaire au maximum des circonstances.

Cette organisation particulière atteindra le but cherché au moyen d'un ensemble de mesures au sujet desquelles je vais faire quelques remarques.

Collectivité du sol. — On s'imagine parfois que l'abolition de la propriété individuelle foncière, ou la perception de la rente par l'État, suffirait à établir la collectivité réelle du sol ; c'est une grave erreur. Cette abolition pure et simple n'aboutirait qu'à constituer une propriété collective restreinte, en faveur des riches seuls. La collectivité du sol, pour être réelle, c'est-à-dire pour profiter à tous sans exception aucune, exige un ensemble de conditions que je vais exposer.

L'appropriation collective réelle du sol n'existe que s'il est mis également à la disposition de tous, et si en même temps la rente est dépensée en faveur de tous.

Comment ces conditions doivent-elles être observées ? Commençons par le premier point.

Il faut :

1° Que la société se charge de développer, avec un égal soin, l'intelligence de tous les enfants, autant que les aptitudes de chacun le rendent possible ;

2° Qu'elle loue les fractions du sol avec le mobilier indispensable à leur bonne exploitation ;

3° Qu'elle donne à chaque travailleur, lors de son entrée dans la société des majeurs, une dot sociale ;

4° Qu'elle prête un capital à ceux qui auraient perdu leur dot ;

5° Enfin, que les baux soient personnels et que les sous-locations soient interdites.

En dehors de l'observation de ces différents points, le sol serait mis à la disposition des riches exclusivement. Eux seuls seraient nécessairement acceptés comme locataires du sol, car ils seraient en état d'offrir une rente plus avantageuse à la société.

Il faut, en effet, de l'argent et des connaissances pour être capable d'exploiter la matière avec fruit.

Or, tant que l'instruction des jeunes générations reste à la charge des familles, les seuls riches peuvent avoir l'intelligence développée. De plus, une propriété foncière dénuée du capital indispensable à sa mise en valeur ne peut être louée que par celui qui possède déjà un certain degré de richesse. Enfin, en l'absence de baux exclusivement personnels, les plus riches deviendraient adjudicataires du sol entier, qu'ils sous-loueraient ensuite à des travailleurs prolétaires, obligés de passer par les conditions qui leur seraient imposées.

***

Voyons maintenant de quelle façon la rente doit être dépensée pour que l'on puisse légitimement soutenir que c'est au profit de tous sans exception.

1º La société doit prendre à sa charge l'éducation et l'instruction intégrales des enfants, jusqu'à leur majorité;

2º Elle doit avancer à chacun d'eux, lors de son entrée dans la société des majeurs, une dot sociale;

3º Elle doit prêter un capital à ceux qui, ayant perdu le leur, en auraient besoin pour travailler;

4º Enfin elle doit veiller à l'entretien de ceux qui, vieux ou malades, sont incapables de travailler.

L'homme dont l'intelligence est restée inculte, parce que ses parents n'avaient pas les moyens pécuniaires de lui faire donner de l'instruction, est en droit, en effet, de soutenir que la société n'a pas utilisé la rente à son profit. N'en est-il pas de même à l'égard de celui qui, devenu majeur, se trouve jeté, sans aucun moyen d'existence, au milieu de la société, ou de tel autre qui, ayant perdu ce qu'il possédait, se voit privé de tout moyen de travailler? Et le malheureux qui n'est pas en état de subvenir à ses besoins par son travail, est également autorisé à dire, si la société ne lui vient pas en aide, qu'elle n'a pas utilisé la rente à son profit.

Avec la collectivité réelle du sol, comprise ainsi que je viens de l'exposer, il n'existe plus ni exploitation domestique, ni exploitation sociale du travail.

***

Socialisation des capitaux. — On a déjà vu, par ce qui précède, que la société doit être également propriétaire d'une certaine quantité de capitaux. Elle loue du sol à ceux qui désirent exercer leur activité sur la matière foncière ; elle doit pouvoir aussi prêter un capital à ceux qui préfèrent travailler sur la matière mobilière.

Cette appropriation collective de capitaux a une première conséquence, celle de rendre toute exploitation domestique du travail impossible.

Elle a un autre résultat encore : par la concurrence que la société fait, en prêtant des capitaux, aux capitalistes individuels elle abaisse l'intérêt au niveau auquel il convient de le maintenir, de façon que la domination du travail en est renforcée d'autant, et que le salaire s'élève proportionnellement.

Tous les capitaux ne peuvent pas être appropriés socialement, à peine de tomber dans l'absurde du communisme absolu. Mais les capitaux laissés par les générations passées peuvent tomber dans le domaine public, sauf la partie qui doit rester entre les mains des individus pour servir d'excitation au travail.

Non-perpétuité de l'intérêt. — Tout intérêt perpétuel est proscrit et le remboursement des dettes se fait par annuités, durant la vie du prêteur.

De cette façon, toute exploitation héréditaire du travail est rendue impossible.

Dot sociale. — C'est encore la socialisation d'une certaine quantité de richesse mobilière qui permet à la société d'avancer à chacun, lors de sa majorité, une dot qui le met à même de se soustraire, dès le début, à toute exploitation domestique du travail.

Association de travailleurs. — Les associations de travailleurs sont autorisées ; celles des capitalistes sont défendues.

Par ces deux mesures, l'intensité de la domination du travail sur la richesse est augmentée d'autant.

***

Concurrence sociale au commerce. — En établissant des bazars où le travailleur dépose ses produits en fixant le prix auquel il veut les vendre, et où le consommateur peut se les procurer, et en prélevant pour ce service, sur le prix de vente, les seuls frais d'administration, la société fait concurrence aux intermédiaires dont l'effet se réduit à renchérir les produits.

Or tout ce qui tend à diminuer le prix des choses, quand le travail est libre en augmente la consommation et par ricochet la production.

La mesure en question aura donc pour résultat l'accroissement de la demande du travail et par conséquent une domination plus grande de celui-ci sur la richesse, une tendance plus forte du salaire à s'élever.

***

Liberté de tester. — L'excitation au travail résulte, non seulement de la certitude que tout le produit appartient à celui qui en est l'auteur, mais aussi de la faculté que celui-ci a de pouvoir en disposer à son gré. A cet égard, l'organisation future de l'hérédité complète l'ensemble des mesures dont j'ai parlé précédemment.

Chacun peut donc disposer, par testament, de ce qu'il possède, en faveur de qui il veut. Toute succession *ab intestat* tombe dans le domaine social, mais seulement en cas d'absence de ligne directe. Et toute succession testamentaire est frappée d'un impôt.

IV

Je viens d'exposer la façon dont la propriété sera organisée dans la société future. Voyons maintenant ce mécanisme en action.

Tout être humain est membre du propriétaire collectif de la presque totalité de la matière. Il a droit, de par sa qualité d'homme, à la jouissance de la propriété sociale, et à la protection sociale, et cela, abstraction faite de toute considération de richesse ou de naissance. Il a aussi le devoir de protéger l'organisation sociale.

Pour bien faire voir les rapports qui existeront à cette époque entre la société et chaque individu, supposons l'arrivée, sur notre globe, d'un enfant tombé par hypothèse du ciel.

La société actuelle ne pourrait agir autrement que de mettre cet enfant, sans propriété et sans famille, aux Enfants-Trouvés. Puis elle lui ferait donner une éducation basée sur une révélation religieuse à laquelle elle-même ne ne croit pas, suivie du *minimum* possible d'instruction.

Voici maintenant ce qui se passerait nécessairement dans l'organisation sociale de l'avenir.

La société s'empare de cet enfant. Elle l'élève, et lui donne l'éducation et l'instruction complètes, c'est-à-dire qu'elle développe son intelligence autant que ses aptitudes particulières le permettent. Outre les soins qu'elle consacre à son développement organique, elle lui enseigne la manière dont il doit tirer parti de la matière, et comment il faut qu'il se conduise envers ses frères en humanité.

Qui pourrait affirmer que cet enfant n'a pas joui, autant qu'il était en lui, des dépenses sociales? Et, de l'autre côté, oserait-on soutenir qu'il a profité de sa part dans le revenu social, si la société ne s'était pas comportée envers lui comme je viens de le dire?

* * *

Arrivé à sa majorité, cet être humain, s'il a eu la chance de sortir vivant des Enfants-Trouvés et d'échapper aux trop nombreuses causes de mort qui déciment les enfants pauvres, se trouve jeté au milieu de la génération majeure et abandonné sans ressources, ou avec des ressources matérielles et intellectuelles dérisoires, à ses propres forces.

Il en sera autrement dans la société future. L'adulte qui, à sa sortie des établissements d'instruction, sera resté pendant quelque temps au service de la société pour faire une sorte de stage social ou d'apprentissage de la vie, recevra une dot qui le mettra en mesure de se soustraire, dès l'abord, à toute exploitation domestique du travail.

Nouvelle manière dont tout être humain profitera, pour sa part, des dépenses sociales.

* * *

Une fois entré dans la vie active, deux voies se présentent au travailleur: il peut rester isolé, ou bien il s'associe avec d'autres travailleurs pour produire en commun.

Dans la société actuelle, dont l'organisation tout entière favorise la richesse et ses détenteurs, le travailleur isolé est exploité domestiquement et socialement et les associations de travailleurs, loin d'être protégées, sont rendues, autant que possible, impuissantes. Toute la sollicitude de la société est réservée pour les associations de capitaux, ce qui est, du reste, logique de la part d'une société bourgeoise.

Dans la société de l'avenir, au contraire, le travailleur isolé ne sera exploité ni domestiquement, ni socialement et les associations de travailleurs seront seules permises et protégées. A cet effet, leur fonds primitif de roulement ne pourra jamais être augmenté au moyen des bénéfices faits par l'association, et ceux-ci se partageront entre ses membres proportionnellement, non à la mise, mais au salaire de chacun.

Enfin, il peut encore arriver que, au lieu de s'associer à d'autres, ou de travailler isolément pour lui-même, tel individu préfère agir sous une direction étrangère. Eh bien, dans ce cas encore il ne sera pas exploité et son salaire se trouvera élevé au maximum des circonstances. Il va de soi, en effet, qu'un homme ne travaille pas au profit d'un autre pour un salaire moindre que celui qu'il pourrait obtenir en exerçant son activité, soit sur une partie du sol, soit sur tout autre matière. Or, c'est précisément ce que tout homme sera toujours en position de faire, comme je vais le montrer immédiatement.

*
* *

Dans la société actuelle, le travailleur ne peut gagner sa subsistance que dans le cas où ceux qui possèdent ont besoin de ses services et, s'ils lui confient en conséquence du sol ou un capital, un instrument de travail. Quand au contraire le travailleur ne peut pas leur être utile, ce qui arrive souvent, alors ils l'abandonnent à lui-même ; et comme, en ce cas, la société ne vient pas à son secours, car elle ne prête qu'aux riches, c'est en toute vérité que J.-B. Say a pu écrire la proposition suivante : *Il est affligeant de penser, mais il est vrai de dire que, même chez les nations les plus prospères, une partie de la population périt tous les ans de besoin.*

Que se passsera-t-il à cet égard dans la société future ?

Tout travailleur, tout homme pour mieux dire, sera propriétaire de sa part inaliénable dans la planète et de sa part aliénable dans les capitaux collectifs. Cette double qualité se manifestera, en pratique, des deux façons suivantes.

La partie du sol qui peut être exploitée par des individus ou des associations domestiques, — et j'entends par sol la surface du globe, les constructions élevées à sa surface, et le sous-sol : la propriété foncière, en un mot, — cette partie de la planète, dis-je, sera divisée en fractions plus ou moins grandes, selon les localités, les besoins des populations, les convenances de la mise en œuvre, etc.

La location s'en fera au plus offrant et dernier enchérisseur, soit à des travailleurs isolés, soit à des associations ouvrières, toujours selon les nécessités de l'exploitation. J'ai déjà fait remarquer que les baux doivent être personnels et les sous-locations proscrites, en montrant en même temps que cette mesure est tout en faveur de la domination du travail. J'ai dit déjà aussi que les exploitations rurales, industrielles, minières, etc., devaient se trouver garnies de tout le mobilier indispensable à leur bonne mise en valeur, et cela pour la même raison que ci-dessus. Quant au fonds de roulement il proviendra, ou de la dot sociale, ou d'une richesse acquise ou héritée, ou du crédit social, comme je vais le faire voir en parlant de la manière dont chacun sera propriétaire de sa part aliénable dans les capitaux collectifs.

La société avancera donc un capital à ceux qui préféreraient travailler sur la matière mobilière et qui n'en posséderaient pas en propre. Elle fera ce prêt moyennant un intérêt aussi bas que possible, tout en veillant à ce que son taux soit suffisant pour qu'il y ait encore avantage, de la part des individus, à capitaliser. Car ce n'est pas la mort du capital individuel que la société future recherchera, mais exclusivement son esclavage sous la prédominance du travail. Et c'est le but qu'elle atteindra par la mesure dont je parle, car ceux qui désireront utiliser leur capital en le louant, devront nécessairement en exiger un intérêt moindre que celui qui sera fixé par la société, s'ils veulent avoir la préférence.

Voici encore quelques considérations sur l'affermage du domaine public et le crédit social.

Quand le travailleur paie le loyer du sol et du capital à un propriétaire individuel, comme cela se passe dans la société actuelle, ce loyer est perdu pour lui et va grossir d'autant la somme des richesses du prêteur ; et c'est ainsi que J.-B. Say a pu soutenir en toute vérité, encore une fois, que *les épargnes des riches se font aux dépens des pauvres.* Mais, si la rente et l'intérêt sont payés à la société et qu'en même temps celle-ci dépense son revenu au profit de tous sans exception, alors c'est absolument comme si l'on se payait la rente et l'intérêt à soi-même.

Dans la société future, l'intérêt sera viager. De cette façon, toute exploitation héréditaire du travail sera rendue impossible. D'autre part, l'exploitation personnelle du travail sera anéantie au moyen du crédit social.

*
* *

J'ai parlé, à plusieurs reprises, d'exploitation sociale du travail. Voici, en quelques mots, comment elle se pratique.

Prenons de nouveau le travailleur qui ne possède, par hypothèse, rien en propre, et que j'ai déjà mis successivement en rapport avec la société actuelle et la société future.

Dans la société actuelle où, par suite de l'aliénation du sol aux individus, la richesse domine, tout impôt, de quelque façon qu'il soit établi, finit toujours par retomber en entier sur le travail. C'est évident, puisque la richesse garde tout pour elle, ne laissant au travailleur que ce qui est strictement indispensable à celui-ci pour se conserver et se reproduire. Eh bien, c'est cette obligation de solder l'impôt qui constitue, à l'égard du travail, son exploitation sociale. Ce n'est plus, en effet, tel ou tel capitaliste ou propriétaire particulier qui réduit les salaires au minimum possible ; c'est l'organisation spéciale de la propriété qui en est la cause ; c'est l'aliénation du sol aux individus.

Le travailleur sans propriété individuelle, qui vit dans la société de nos jours, subit donc, outre l'exploitation domestique résultant de ce qu'il ne possède rien, une autre exploitation, impersonnelle cette fois, provenant de ce qu'il ne participe point à la propriété de notre planète, et qui se traduit par le paiement obligatoire, forcé, de l'impôt. Il doit donc prélever avant tout sur son salaire de quoi solder l'impôt ; c'est seulement après qu'il peut songer à utiliser ce qui en reste pour vivre.

Dans la société future, ce sera, par suite de l'appropriation collective du sol, au tour du travail à dominer. C'est donc lui qui, cette fois, rejettera sur le capital toutes les charges.

Le travailleur sans propriété individuelle ne sera donc, alors, pas plus exploité socialement que domestiquement.

Relativement à l'impôt, la différence entre la société actuelle et la société future consiste en ce que, dans cette dernière, il sera payé par la richesse, tandis qu'aujourd'hui il est acquitté par le travail.

*
* *

La protection sociale se manifeste à l'égard des individus, suivant les époques, de deux manières entièrement opposées.

Quand le sol est aliéné, c'est-à-dire quand la richesse domine, quand la force est souveraine, la société ne favorise que les forts, ou les riches seuls, et c'est logique de sa part. Lorsque le sol étant propriété collective, le travail sera libre, et que la raison régnera, la société accordera sa protection au travail, c'est-à-dire à tous, et ce sera encore logique.

Comment la richesse et le travail sont-ils, tour à tour, favorisés socialement ?

La société protège la richesse, — ce qui signifie ici les riches, ou l'accumulation des richesses en quelques mains :

1° En abandonnant la charge d'élever et d'instruire les enfants aux familles domestiques, ce qui rend les développements de l'intelligence, le privilège de la richesse ;

2° En monopolisant le sol au profit des forts ;

3° En laissant la plus grande partie des capitaux à l'appropriation individuelle ;

4° En étendant la famille bien au delà de la ligne directe, et en établissant l'hérédité forcée en sa faveur ;

5° En protégeant les associations de capitaux, notamment en leur garantissant parfois un minimum d'intérêt, ce qui revient, vu l'antagonisme nécessaire du capital et du travail, à empêcher le salaire de dépasser un certain taux ;

6° En établissant ou au moins en autorisant la perpétuité de l'intérêt ;

7° En faisant des emprunts, ce qui grève non seulement le travail des générations existantes, mais encore celui des générations futures.

Telles sont les principales façons dont la société accorde sa protection à la richesse.

Aussi quand un homme qui n'a que son travail se trouve dans une pareille société, tout, absolument tout, conspire contre lui. Il est esclave sous le rapport de l'intelligence comme sous celui de la propriété, il est exploité intellectuellement et matériellement, personnellement et héréditairement dans sa descendance, domestiquement et socialement, par les capitalistes isolés et par les capitalistes associés, ce qui centuple leur force.

La société future protégera le travail au moyen d'une série de mesures qui sont la contre-partie de celles dont je viens de faire l'énumération. Et cela n'aura pas pour conséquence la persécution et l'amoindrissement de la richesse, loin de là, mais bien sa répartition chez tous, proportionnellement au travail de chacun.

Je vais passer rapidement sur ces mesures de protection sociale au travail, en ayant déjà dit quelques mots :

1° La répartition des connaissances aura lieu par les soins et aux frais de la société, de sorte que les développements de l'intelligence ne seront plus monopolisés par la richesse ;

2° Le sol et le capital seront mis à la disposition de tous, de la façon que j'ai exposée plus haut ;

3° Par le crédit social aux individus, l'intérêt du capital ne pourra dépasser un certain taux, ou, ce qui revient au même, le salaire ne pourra descendre au-dessous d'un certain minimum ;

4° La famille sera bornée à la ligne directe, et il y aura liberté de tester ;

5° En proscrivant les associations de capitaux et en permettant seulement celles de travailleurs, la société mettra ceux-ci à même de combiner leur prédominance individuelle sur la richesse et renforcera d'autant la suprématie du travail ;

6° La suppression de la perpétuité de l'intérêt et celle des emprunts d'État garantiront le travailleur contre toute crainte de voir ses descendants contraints de payer les intérêts d'une dette qu'ils n'ont pas contractée ;

7° Enfin, par la concurrence sociale au commerce individuel, il y a encore limitation du bénéfice des capitalistes-marchands, et, par contre coup, surélévation du salaire.

Si maintenant nous supposons un individu, sans aucunes ressources matérielles, arrivant tout d'un coup au milieu d'une société constituée ainsi que je viens de le dire, loin d'y être isolé et abandonné, comme ce serait le cas avec notre organisation actuelle de la propriété, il s'y verrait constamment couvert par la protection sociale. On peut en dire autant des travailleurs qui auront le bonheur de vivre dans la société future ; je n'ai pas besoin, je pense, d'insister là-dessus.

*
* *

Et ce n'est pas tout.

Que deviennent, dans chacune des deux organisations de la propriété, ceux qui, sans fortune, sont incapables de travailler, soit par l'âge, soit par la maladie, et qui par conséquent ne peuvent gagner de quoi vivre, et ceux qui sont ruinés par un événement de force majeure?

La société actuelle ne leur doit rien, puisqu'elle est constituée exclusivement dans l'intérêt des riches (1), et elle le fait bien voir. Quand elle ne vient pas à leur aide par la charité officielle, c'est-à-dire par une aumône insuffisante et injurieuse, et quand ils ne sont par secourus par la cha-

---

(1) « Que chacun en ce monde, s'écrie Malthus, réponde de soi et pour soi ; tant « pis pour ceux qui sont de trop ici-bas! On aurait trop à faire si ON voulait « donner du pain à tous ceux qui crient la faim ; qui sait même s'il en resterait « assez pour les riches ? »

Voyez-vous que ON signifie exclusivement la société des riches? Quand la société sera composée de *tous*, elle donnera évidemment du pain à tous.

« A rigoureusement parler, dit J.-B. Say, la société ne doit aucun secours, aucun « moyen de subsistance à ses membres. »

« Nourrir les incapables aux dépens des capables, c'est une grande cruauté, dit « M. Herbert Spencer. C'est une réserve de misères amassée à dessein pour les « générations futures. On ne peut faire un plus triste cadeau à la postérité que de « l'encombrer d'un nombre toujours croissant d'imbéciles, de paresseux et de cri-« minels..... On a le droit de se demander si la sotte philanthropie qui ne pense « qu'à adoucir les maux du moment et persiste à ne pas voir les maux indirects, « ne produit pas au total une plus grande somme de misère que l'égoïsme « extrême. »

Il y aurait bien des choses à dire à ce propos. Je me bornerai à demander comment M. Herbert Spencer concilie son refus de faire participer les incapables à la jouissance du sol, avec les trois propositions suivantes contenues dans son ouvrage *Social statics*, et qui sont incontestables.

« Étant donné une race d'êtres ayant un droit égal à poursuivre le but de leurs « désirs, et étant donné un monde fait pour la satisfaction de ces désirs et où ces « êtres naissent dans des conditions égales, il en résulte qu'ils ont des droits égaux « à jouir de ce monde.....

« La justice n'admet donc pas la propriété (individuelle) appliquée au sol.....

« La théorie du droit collectif d'hérédité foncière reconnu à tout homme est con-« forme au développement du plus haut degré de civilisation. »

rité privée, il leur reste à mourir de misère plus ou moins rapidement, ou à se suicider.

Et dans la société de l'avenir ?

Tout être humain y sera, par le fait même, reconnu propriétaire par indivis du globe terrestre, plus d'une grande partie des capitaux. Il aura donc le droit de jouir de ce patrimoine de l'humanité, pour avoir les moyens de produire, quand il en est capable, ou de vivre et de bien vivre, quand il n'est pas en état de travailler. Ce sera, non une aumône que la société accordera aux malheureux, mais un droit qu'elle leur reconnaîtra et dont elle les fera jouir.

La société future formera, en un mot, une assurance mutuelle de tous contre le malheur.

V

Je viens de formuler succinctement la partie économique du socialisme rationnel tel qu'il est enseigné par Colins. Il me reste maintenant à exposer et à combattre les objections auxquelles elle a donné lieu.

Jusque dans ces derniers temps, on s'était fort peu préoccupé du socialisme rationnel. C'est seulement depuis peu que l'on commence à y prendre intérêt, à l'examiner et à en faire la critique.

On a d'abord prétendu que le socialisme rationnel demandait le partage des terres, l'abolition de la propriété individuelle, — deux points qui s'harmoniseraient difficilement, — et la suppression de l'hérédité.

Le lecteur qui m'a suivi attentivement jusqu'ici jugera certainement avec moi que l'auteur d'une pareille accusation n'avait pas lu l'exposé de la théorie qu'il attaquait.

Mais passons à des objections plus sérieuses.

L'appropriation collective du sol par le genre humain est rigoureusement logique, a-t-on dit, mais pratiquement impossible.

C'est affirmer qu'une chose peut être vraie en théorie et fausse en pratique.

J'ose penser que l'auteur de cette objection, après avoir lu le travail qui précède, ne soutiendra plus que l'humanité ne saurait être pratiquement propriétaire du globe.

*
* *

On a aussi soutenu que le résultat de l'application du socialisme rationnel, ce serait tout simplement de transformer la rente en impôt, en attribuant la rente à l'État.

J'ai fait voir que l'attribution de la rente foncière à l'État est loin de suffire pour constituer l'appropriation collective du sol au profit de tous sans exception ; et celui qui voudra recourir à la preuve de cette proposition reconnaîtra aussitôt la faiblesse de l'objection.

*
* *

On a mis en avant une autre difficulté. Dans l'organisation proposée par le socialisme rationnel, a-t-on prétendu, le locataire n'aurait pas la sécurité de la tenure.

Comment ! la société louerait par baux personnels et viagers aux familles, et de trente ans aux associations ouvrières, c'est-à-dire qu'elle s'engagera à conserver ses locataires sur l'exploitation pendant tout ce laps de temps, et ceux-ci n'auront pas la sécurité de la tenure ? Je n'ai probablement pas saisi le sens de la critique.

*
* *

On a également affirmé que, dans l'organisation rationnelle, les seuls riches seraient déclarés adjudicataires, lorsque la société louerait publiquement le sol, et que les pauvres devraient continuer à travailler pour eux.

Pourquoi les seuls riches seraient-ils déclarés adjudicataires, quand les exploitations foncières seront garnies du mobilier nécessaire à leur bonne mise en valeur, et que le fonds de roulement sera fourni, en cas de besoin, par la société ; quand, par conséquent, il ne faudra pas être riche individuellement pour pouvoir se tirer d'affaire ?

Comment y aurait-il des *pauvres*, lorsque tout homme sera propriétaire par indivis de tout le sol et d'une grande partie des capitaux ?

Comment pourrait-il exister des gens contraints de travailler pour autrui, quand il sera loisible à chacun de travailler pour soi-même ?

Une objection plus importante que celles que je viens de rapporter est celle-ci :

Dans l'organisation future, les travailleurs, restant salariés, seraient toujours exploités comme aujourd'hui.

Aussi, vais-je l'examiner et la discuter plus longuement que les précédentes.

A première vue, on pourrait croire que l'auteur de l'objection demande, comme certains socialistes, l'abolition du salaire.

A cela je réponds que le salaire étant le prix du travail, la récompense du travail, l'abolition du salaire est une absurdité. Le salariat existant nécessairement partout où il y a travail, les travailleurs seront toujours des salariés.

Mais l'auteur de l'objection a probablement voulu dire que les travailleurs devant recevoir leur salaire des mains d'un employeur seront, par cela même, esclaves comme de nos jours.

Ici, il faut distinguer.

Celui qui, pour agir, ne peut se passer de l'aide d'un capitaliste ou d'un propriétaire individuel, celui qui a besoin de la bonne volonté de ce propriétaire ou de ce capitaliste, est, par cela même, dépendant, esclave ; et il ne reçoit de son employeur que ce qui est à peine suffisant pour vivre.

Mais dans l'organisation future, on pourra toujours travailler, non pour les autres, mais pour soi ; ou pourra transformer une matière foncière ou mobilière appartenant non à un autre, mais à soi-même. Dès lors, on sera en état d'exiger, et on recevra nécessairement, de celui dont on consentira à faire valoir le capital, au moins ce que l'on aurait obtenu en travaillant pour soi-même, c'est-à-dire un salaire au maximum des circonstances. Il y a plus : Ce n'est pas le capitaliste qui, en général, emploiera et salariera le travailleur, mais bien celui-ci qui viendra au secours du capitaliste et qui lui payera les intérêts de son capital.

Or, peut-on qualifier d'exploité ou d'esclave, celui qui, étant indépendant sous le rapport économique, n'accepte le concours d'un capitaliste que si cela lui convient ?

*
* *

Voici encore un point qui mérite une discussion approfondie.

Nous reconnaissons que dans la société future, a-t-on dit, tous doivent être propriétaires fonciers ; mais ce résultat ne serait pas obtenu par la pratique du collectivisme rationnel ; il peut avoir lieu exclusivement des deux manières suivantes :

Par la propriété privée universalisée, par la propriété *démocratisée ;*

Par la propriété collective communale avec partage périodique (*Allmend*).

Commençons par réfuter le second point.

Pour ce faire, je me bornerai simplement à rapporter ce que pense M. Émile De Laveleye de l'*Allmend*, considéré comme solution du problème économique. Personne ne songera, certes, à récuser M. De Laveleye comme juge dans cette question, car il a fait une étude spéciale de l'*Allmend*, et des formes analogues d'appropriation foncière.

« Le point de droit est celui-ci, dit M. De Laveleye : à
« tout homme son instrument de travail.

« Comment le réaliser dans une société comme la nôtre?

« L'*Allmend*, quand il embrassait tout le territoire de la
« commune, offrait la solution pour une société *primitive et*
« *purement agricole et pastorale*.

« Mais aujourd'hui, que de complications et de diffi-
cultés ! »

Passons donc à la proposition d'universaliser la propriété
individuelle foncière.

Il s'agirait d'abord de partager la planète entière, super-
ficie, sous-sol et constructions (1), en autant de parties de
valeurs égales qu'il y a d'êtres humains sur la surface du
globe ; ensuite de prendre les mesures nécessaires pour que
chacun restât toujours en possession de son lot.

Le partage de la planète devrait recommencer à chaque
naissance et à chaque décès, sinon on trouverait des
hommes sans propriété foncière, et des domaines qui ne
seraient pas appropriés ; car, remarquons-le bien, la disposition par voie testamentaire ou par hérédité des lots de
terre devrait être interdite, sous peine de voir l'inégalité
s'établir dans les quantités de sol possédé par chacun. De
plus, il faudrait proscrire, soit l'aliénation des parts foncières, soit l'achat de ces parts, pour éviter l'accaparement
du sol par les riches.

Conçoit-on toute l'absurdité d'une pareille organisation
de la propriété? Je ne parle que pour mémoire de l'embarras
dans lequel le titulaire d'un lot pourrait se trouver pour en
jouir si, habitant Paris, par exemple, sa part de sol se trou-
vait en Chine.

Ajoutons que la propriété foncière ainsi prétenduement universalisée n'est plus une propriété allodiale, démocratique,
dont l'essence est précisément la division et l'aliénabilité.

____

(1) N'y a-t-il pas des constructions et des mines dont la valeur s'anéantirait par
la division?

Mais, pourrait dire l'auteur de la proposition, nous n'en demandons pas tant ; il suffirait que chacun possédât le *minimum* de sol indispensable pour pouvoir en vivre.

Soit ; mais d'abord, c'est empêcher que le globe puisse se couvrir d'une population aussi nombreuse que celle qu'il est capable de nourrir ; ensuite il faudrait toujours en venir à décréter l'inaliénabilité des lots *minimum*, à proscrire l'hérédité sous le rapport foncier, à faire de chaque lot une sorte de fief, à abolir enfin l'organisation démocratique ou bourgeoise de la propriété.

En deux mots, demander l'*universalisation* de la propriété *individuelle* foncière, c'est demander une chose impossible, absurde, dont les éléments sont contradictoires.

* *
* *

Enfin une dernière observation a été faite à propos du socialisme rationnel : c'est que la collectivité foncière qu'il préconise a déjà existé dans les sociétés primitives.

Mais il suffit de se rappeler quelles sont les conditions nécessaires à la réalité de l'appropriation du sol par tous, pour se convaincre aussitôt que l'on doit seulement voir, dans ces formes primitives de la propriété, des appropriations collectives au profit de certains individus ou de certaines castes.

AGATHON DE POTTER